최재목 시

시로 읽는 기와의 내면 풍경

검은 꽃, 시詩로 피우다

검은 꽃, 시詩로 피우다

원춘호 사진

"사유와 상상이 박약한...

이 시대의 허물어진 집에 멋스런 기와를 이자!!!"

철학자이자 시인인 영남대 최재목 교수와 국내 유일의 기와 사진가 원춘호의 콜라보레이션.

시와 사진이 만나는 경계에서 다시 예술과 철학의 꽃이 피어난다

: : : : : : : : :

원춘호 사진가의 기와 사진

최재목 시인의 시적 철학적 평론

검은 꽃, 기와를 쓰다

최재목(시인, 철학자)

기와는 검은 꽃이다.
입을 다문 그들에게도 삶이 있다.
우리나라에서 유일하게 기와 사진을 찍는 원춘호 작가.
그의 제안으로 기와 사진 65편에 시를 쓰게 되었다.

다른 사진과는 달리 기와 사진은,
그 무게와 깊이를 꽁꽁 숨긴 채, 단순 간결한 멋을 보여준다.
각기 다른 사진이었으나 침묵하며, 무뚝뚝하게,
그 내면을 나에게 열어보이려 하지 않았다.

그런데 시간차를 두고 보내온 사진을 가만히 쳐다보노라면,
각기 다른 성품과 이력, 슬픔과 기쁨의 성정을
솔직하게 알려주었다.

시인은 그 이야기를 받아적는 위치에서 소년처럼 즐거웠다.
마찬가지로 이곳까지 사진을 데려온 원춘호 작가도
천진난만하게 사진 뒤에 숨어 있었다.

그럭저럭 65편의 시가 완성되었다.
기와의 내면을 훔쳐 글을 쓴 것이 미안하기도 하다.
그러나 검은 꽃들은 시로 만발하여 새로운 언어의 생명을 얻었다.
이에 감사한다.

이 책에 실린 기와 사진은 영원한 청년 원춘호의 영혼을 담은
것이다.

그리고 그 곁에 있는 나의 삶도 행복하다.

오월 창가에서

천년 기와, 시를 만나 영원으로

원춘호(사진가)

과잉 공급의 시대. 음악이든 사진이든 글이든 누군가를 감동시킨다는
건 사막에서 오아시스를 찾는 것만큼 힘든 일이다.

이 시대의 진정한 선비이자 철학자인 최재목 교수의 글에 감동을 받고
나의 시그니처라 할 수 있는 기와 사진집 '천년와(瓦)'(2020)의 평론을
부탁하며 인연은 시작되었다. 이후 대나무 사진을 11년 촬영하며 중간
결산 겸 내놓은 사진집 '죽림설화'(2023)의 평론을 통해 또 한번 인연을
맺었다.

문학은 잘 모르지만 한국의 미를 말할 때 사용하는, "검소하지만 누추
하지 않고, 화려하지만 사치스럽지 않다"는 '검이불루, 화이불치'(儉而
不陋, 華而不侈)는 최재목 시인에게 적확한 표현 같다. 무엇보다 반듯
하며 사심 없는 진중함으로 세상을 살아가는 태도는 그가 왜 이 시대의
진정한 철학자인지 저절로 고개가 숙여지며 존경심을 들게 한다.

마치 다른 세상의 언어와 표현들로 가득한 그의 번뜩이는 글은 기와
사진을 철학과 서사가 있는 심오한 예술 세계로 안내한다. 짧지만 귀한
인연으로 만나 이젠 최재목은 원춘호, 원춘호는 최재목이 되었다. 어느
덧 인생을 예술로 익혀내는 동행자가 된 것이다.

그냥 두기엔 너무 아까운 최재목 시인의 재능을 훔치고자 이번에 또 한
번 판을 벌였다. 수많은 사진 중에 그에게 간택된 65점의 기와 사진은
그의 즉흥적인 감성과 필력이 만나 깊은 우물의 물을 퍼내듯 매일 매일
기와의 검은 꽃을 피워냈다. 일필휘지로 휘몰아치듯 쏟아내는 철학의
시는 읽는 내내 생의 절정에서 맛보는 희열을 느끼게 한다.

새 생명을 얻은 기와 사진들은 어렵고 우울한 시대에 모두에게 희망을
줄 것이라 본다. 소중한 65개의 선물을 준 최재목 시인에게 감사를
드린다.

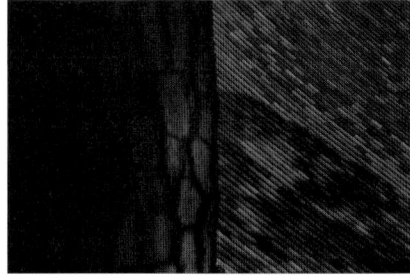
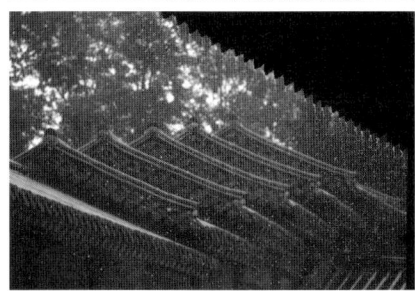
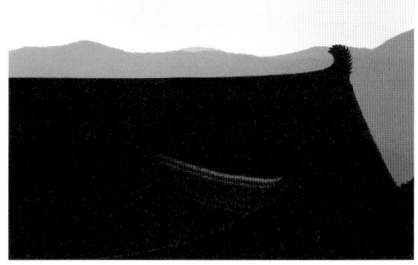

2부 : 등 푸른 어둠

시로 읽는 기와의 내면 풍경

검은 꽃, 시詩로 피우다

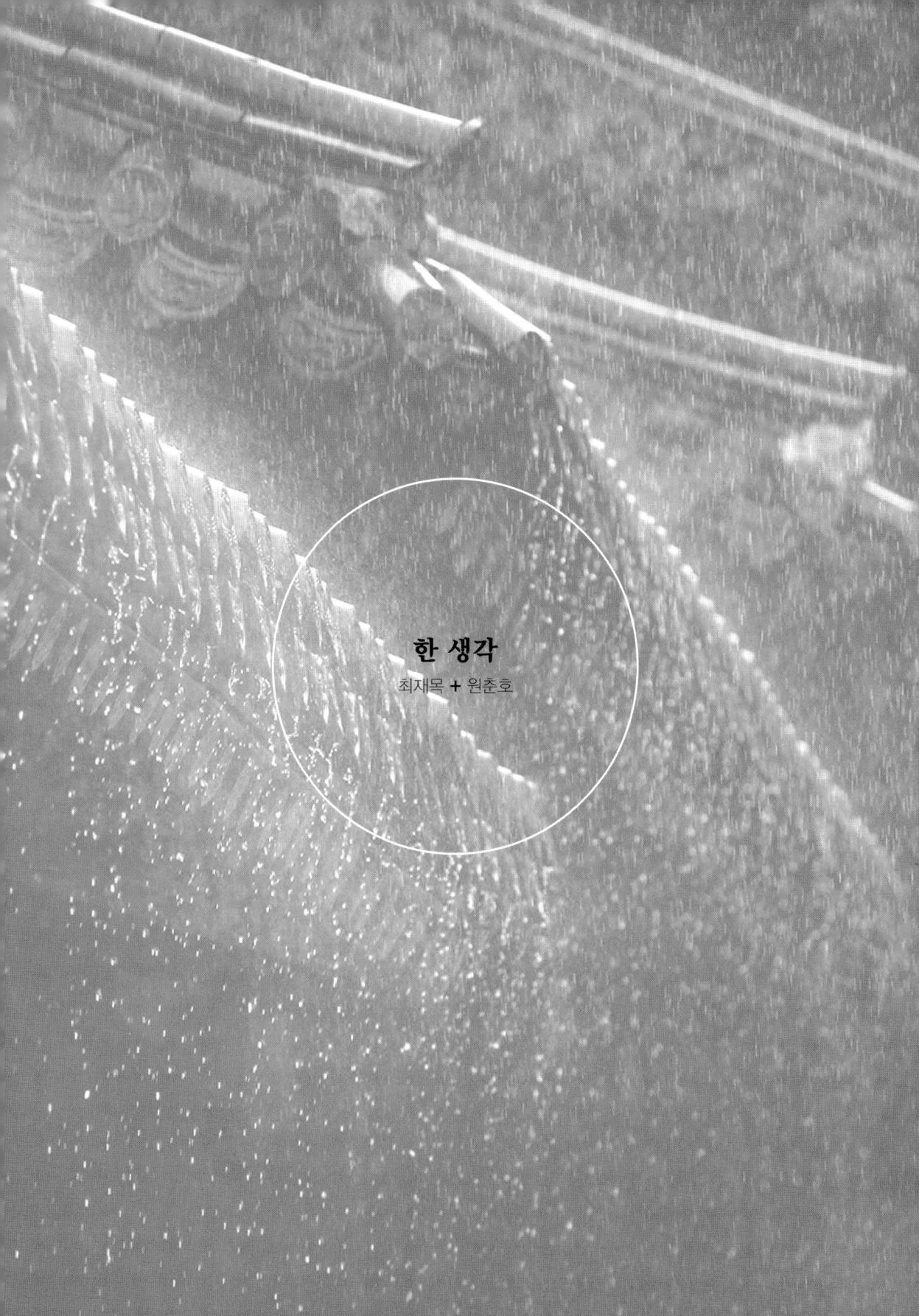

한 생각

최재목 + 원춘호

긴긴 바람 소리

한 획 한 획, 길게

비껴가던 가는 빗방울 소리

빗살처럼 가로질러 헤어져 눈발이 되었지

젖은 기와처럼 아버지 등짝에 찰싹 달라붙어

징검다리를 건널 때,

손톱달도 없던 깜깜한 밤

휙, 휙 아버지 등골 긁어 불 밝혀주던

바람 소리

그리운 것들은 비스듬히

비껴 달아나고,

실눈 뜨고 가만히 듣고 있으면

아무리 성큼성큼 걸어 나가도 따라오던,

가늘고 긴 긴 바람 소리

최재목+원춘호

瓦(Roofing tile) #16_2022

푸르른 집

깜깜한 창문으로 날아오르는

검은 꽃잎,

처마 밑에 붙어 한 줄기 빛이 되고 싶은 천년

어둠에 숨어,

그저 푸르른 집 한 채다

뒤돌아보면 홀로 아름답고, 홀로 그리워

내 인사는 가닥가닥 줄줄 흘러내린다

가시에 찔려 피 흘리는 시간에

왜 저를 낳으셨나요?

왜 저를 그리워했나요?

이 텅 빈 곳에 온종일 나는

왜 빗줄기로 묶여 있나요?

최재목+원준호

빈집

이 세상의 헌옷을 입고,
안개의 다도해를 건너
돌이킬 수도 없이,
위안도 없이 왔다

새는 어디쯤에 있는가

아무 목적도 없이,
돛을 달고
뒤엉킨 넝쿨에 안겨,
뾰족이 눈시울 붉힌 불안,
누구나 한때는
그런 빈집이었다

최재목+원춘호

瓦(Roofing tile) #50_2024

또 철이 듭니다

끈 떨어진 마음이 날아갑니다

반나절 속을 끓이다 말고

이 바람 저 바람에 내몰라라 걸어둡니다

한 오라기 풀린 실밥에 스쳐

기와 한 장이 다 닳습니다

한 철 가고 나니

또 철이 듭니다

최재목+원춘호

瓦(Roofing tile) #55_2023

문은 꿈이다

아름다운 것들은 꿈꾸지 않는다

있는 그대로가 모두 꿈이기 때문이다

자고 일어나면 아무 생각 없이 문을 열어 두는 곳,

목적 없는 종소리 가득하고,

저승이 이승으로 오는 길목

걸어 잠그지 않아도 열 수 없는 시(詩)의 순간

꿈은 문이다

살아남은 자의 얼굴을 보라!

자, 수없이 웃으면서 우는 꽃을

문지방 위에 눈발처럼 쌓이는 빛과 그늘을

천상은 문으로 듣고, 대지는 사방으로 생각한다

한없는 후회가 드나들고,

덧없이 목적이 앉아서 쉬는 곳

문은 꿈이다

최재목+원춘호

瓦(Roofing tile) #7_2021

내 귀는 타지 않는다

꽃은 산 넘고 물 건너갔다

어둡고 아득한 곳, 물과 불이 비껴간 곳에

내 귀는 열려 있다

들을 수 없는, 귀 없는 곳에서

나는 듣고

세상의 끝, 나 없는 곳에서 나는

본다

내 귀는 타지 않는다

최재목+원춘호

하얀 내 사랑이 쌓입니다

빈 종이 위에 누군가 고향을 그립니다

깃발도 없는 추억, 아름답지 못한 것들에 저항하며

한치도 나아가지 못하는 산속에서

내 사랑을 그립니다

당신들이 침묵하는 동안 아무것도 생각나지 않는 밤은

도대체 무슨 색깔일까요

그래도 뒤척이며 가지를 뻗는 나무가

하얀 언어의 기와를 덮어 시를 짓는 곳.

내 백지 위엔 오늘도 눈이 내립니다

최재목+원춘호

방백(傍白)

온갖 계산 다 버리고,

자갈 밑에서나 절벽 끝에서나

모든 씨앗은 자신만을 생각한다

글 쓰는 일도, 농사짓는 일도,

자신이 던져 주는 대로 솔직히 받아적는 연습이다

앞뒤 둘러보지 않고,

세찬 풍파에 제 한 몸 일으키는 일이다

조용히 제 그림자에 얼굴을 묻고 옛집을 찾는 자의

반평생은

그런 그리움이다

쩍쩍 갈라진 산골짜기 따라 눈 내리는 풍경도

알고 보면 다 그만그만한 치국평천하다

집 한 채 덩그렇게 차려내는 그리움이다

최재목+원춘호

瓦(Roofing tile) #43_2009

두 다리 쭈욱 뻗고

두 다리 쭈욱 뻗고 모처럼 잠들었네

서방 극락정토를 이불 삼아

수미산 정상을 베고 누워

피가 거꾸로 흐르는 세상 소리 들으며,

코 골며 잠들었네

잔솔가지는 내 코털을 쓰다듬고, 천방지축

별이 떨어져 쌓이는 안개 속으로

넉넉한 뱃살에 안겨

우환과 안락의 파도로 뒤척이며

나는 한 평생 둥둥 떠다니기만 했네

최재목+원춘호

극(極)

더 이상 굽혀선 안 되는 것

콧대, 등뼈,

날이 선 칼날,

대쪽같이

곧아야 옳을 때가 있다

더 이상 나아갈 수 없는 데까지, 일편단심

끝을 봐야 할 때가 있다

세상이 끝난 곳, 언어가 죽은 고요 속을

먼지에도 바람에도 기대지 않고

어깨 쫙 펴고,

머리 곧게 쳐들고 가야만 할 때가 있다

최재목+원춘호

瓦(Roofing tile) #52_2023

처마, 끝

고드름 열린 처마 끝을 쳐다보면

순간보다 더 똑똑한 척, 찰나보다 더 가련한 척

그럴수록 우리 생각은 지상에 닿지 못한다

대개 그런 장난기일 뿐, 지상을 겨눈 앙금

혹은 뾰로통한 희망으로

그저 매달려 있을 한 방울이거나

몇 마디, 그마저도 마냥

줄이면 좋겠다 한다

최재목+원춘호

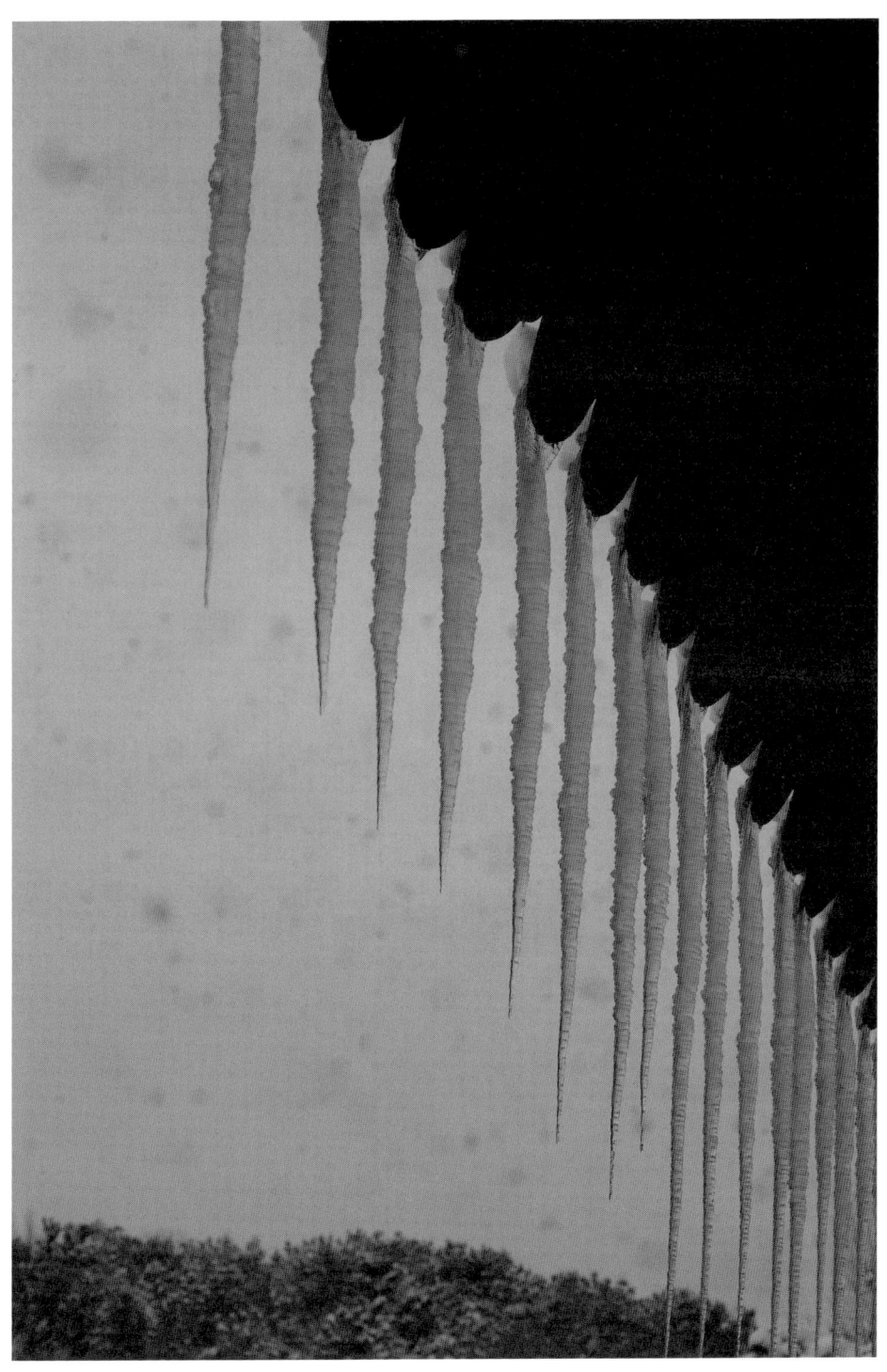

瓦(Rooling tile) #53_2022

먼 산

헤어짐도 멋진 순간인데

왜 자꾸 나뭇가지에만 머무는가

떠나는 것도 사랑하는 일인데

왜 첩첩산중으로 숨어드는가

처마 끝으로 꽃잎 흩날리는데

붉은 새들은 왜 자꾸

먼 산만 바라보는가

최재목+원춘호

瓦(Rooting tile) #10_2019

이 풍진 위에

달빛이 밝아, 느그 에미 다녀간다

천상엔 찬바람 반 그리움 반

잠 못 드는 시간, 잠시 기와지붕에 몇 자

새벽 오기 전

꾸불꾸불

이 풍진(風塵) 위에 꾹꾹 눌러 썼다만

눈물은 부드러운 혁명

다 버리고 떠날 수 있는 자만이

목놓아 울 수가 있다

쨍쨍한 하늘의 빗살처럼,

피눈물 흘릴 수 있다

흘러내리는 나뭇가지처럼, 넘실대는 강물처럼

대로에 퍼질러 앉아 펑펑 울 수가 있다

망가진 내일의 길과 허물어진 세상의

담벼락을 보라

희망은 눈물 아니고선 닿을 수 없다

웅크린 뒷골목을 버리고 망망한 폐허 위에서

눈물은 하나의 부드러운 혁명,

죽어가는 대지의 지붕 위에서

산 자들만이 고래고래 등불을 켜는

최재목+원춘호

瓦(Roofing tile) #68_2021

해탈문

비바람 속에 천당을 짓는다

쌓으면 허물고 허물면 다시 쌓는다

지옥엔 할미꽃 피고

이승엔 안개 가득하다

깨달음도 번뇌도 종일 길을 잃는다

도솔천에서 미륵을 만나 차 한잔한다

저승도 다들 편안하다 하니,

그만 됐다

최재목+원춘호

고래의 등

간다

더할 것도 뺄 것도 없이

첫 순정만으로 견디는 세상의 바다 위로

고래는 간다

검은 등 위로 휘갈긴 파도의 일필

소금으로 빛나는 은빛 저음의 격랑에 얹혀

조금은 난폭하게 조금은 느리게

노래 부르면 간다

네 등은 언제나 남쪽으로 누워

실패도 허망도 기대

남들이 다 차지하고도 남는 풍경을 싣고

간도 쓸개도 버리고 간다

첫사랑만으로 지붕을 인

파도의 품에

고래 등같이 집 짓고 살 나라로

최재목+원춘호

새벽길

흔들리는 마음은 미리 멀미약을 먹는다

해뜨기 전의 항구

돼지국밥과 마주앉는다

밥상 위에 얹힌 수저처럼

누울 자리 보고 발 뻗던 배들

가야 할 곳보다 가지 못한 곳이 더 아롱거리는

얄궂은 이별

기와 밑에 지은 말벌 집처럼

따끔따끔 그리움이 꿀을 물고 드나든다

최재목+원춘호

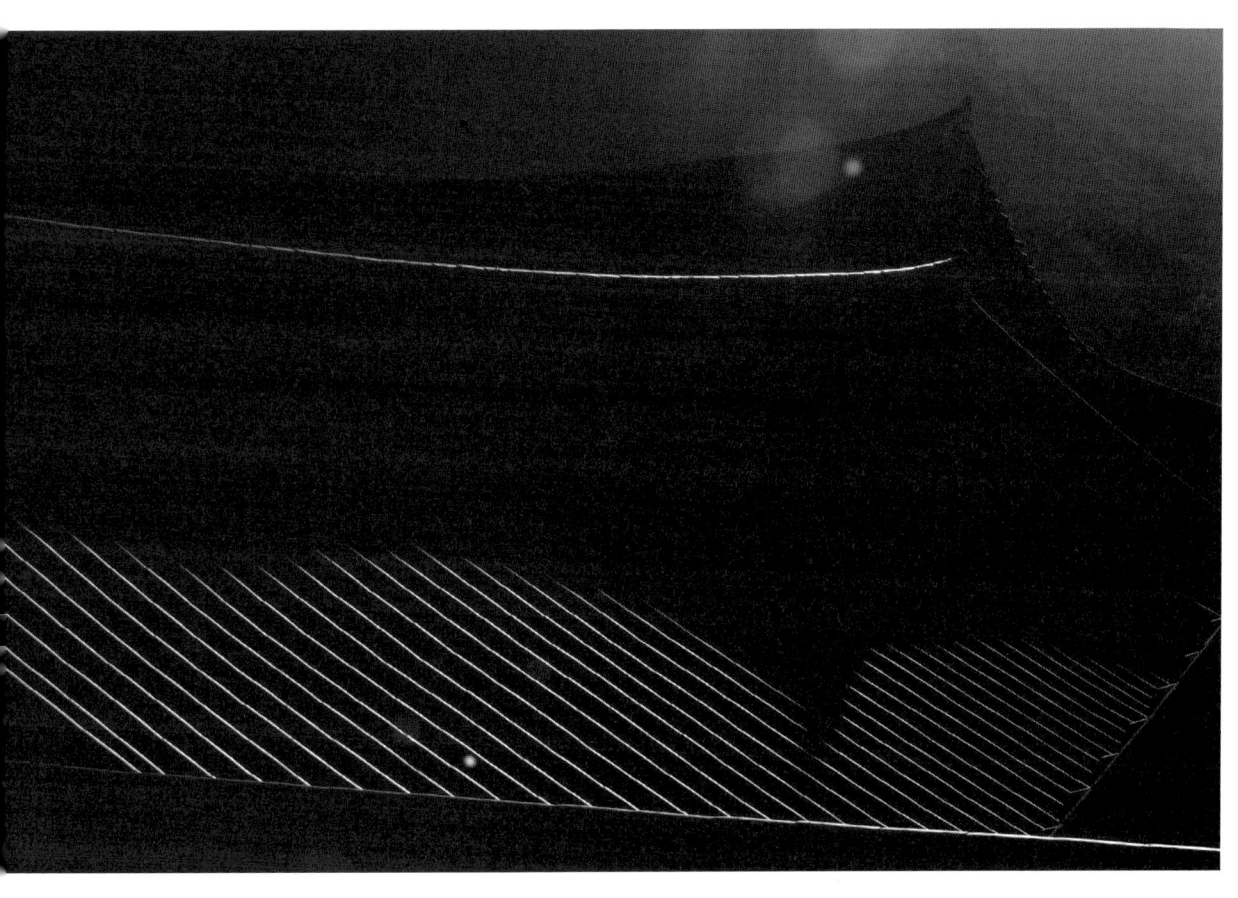

꽃

피는 꽃보다

지는 꽃이 더 그립더라

피는 꽃보다

덜 핀 꽃이 예쁘더라

그리운 것

짧으니까
꽃 같다 하지,

짧게 만나 헤어질 때
오! 예쁜 것,
더 그리워 말아야 할 것

최재목+원춘호

瓦(Roofing tile) #107_2018

안부

내 인사는 코가 닿을 듯

쳐다만 보는 거다

그냥 무덤덤하게

보이지 않는 깊이에서

닿지 못하는 처마끝에서

봉분처럼 부풀어 오를 일이다

瓦(Rooling tile) #102_2025

고향

다가가면 사라지고 없는
얼마나 꿈 같은 것이더냐

오늘이 아닌
오로지 옛날의 힘으로 견디는

최재목+원춘호

하얀 소

0도 이하의 능선을

벌거벗은 대지의 힘으로 넘는다

하얀 소는

눈보라의 힘으로 간다

흰 털은 드문드문 엎드리고,

텅 빈 골짜기의 바람을 뜯어먹으며

고요 속을

쩍쩍 갈라진 땅의 힘으로 간다

가장 낮은

벌거숭이로 간다

최재목+원춘호

瓦(Roofing tile) #41_2010

춘삼월

고궁엔 눈으로 차린 주먹 밥상

하늘을 모시는 한줌, 따신 마음을 본다

최재목+원춘호

한 생각 ·1

한 생각 짓물러 터져야 봄이 온다

가난한 언덕엔

해도 일찍 뜨고

아,

짓무른 곳이 봄이 되는

이 낡고 쓸쓸한 것들의,

오랜 생각의 굳은 살결을

다시 긁어 부스럼 내는

꽃처럼

한 생각, 한 생각 펴는 허리

참 예쁘다

사랑

아끼다 아끼다

초가 돼 버린

담벼락 빈틈에다

몰래 써 두기도 아까운

최재목+원춘호

瓦(Roofing tile) #84_2024

자리

허툰 것들도

제자리 잡으면

다 제격이다

최재목+원춘호

瓦(Roofing tile) #85_2024

탑

그림자에 그림자가 누워도

늘 층층시하

모진 것, 모난 것만 남아 지키는

한세월, 참 보기 좋다

최재목+원춘호

기둥

누군가의 기둥이 된다는 것,

이름 없이

누군가의 그림자를 떠받쳐준다는 것,

살아가는 것들은 서로

그렇게 된통 빚지고 있다

최재목+원춘호

혹시

내 기억이 있다면

그대 하늘의 새들이 날아와 앉을 자리

아직 얼마간 있네

최재목+원춘호

그림자

네 그림자를 내가 이고,

내 그림자를 그가 지는

이 세상은 저 세상의

그림자 되어

분별할 수 없이

서로의 가슴으로 살아간다

최재목+원춘호

어느 날

안개 속으로 걸어들어간 나무를 보았다
눈 감고 헤엄치는 키 큰 짐승을 보았다
아무것도 몰라야 더 청정한
미망의 첫 순정을 보았다

최재목+원춘호

너머

눈에서 영영 멀어져 가야 한다

마음에 더 담아 두지 말아야 한다

종소리 밑에

푸른 바다를 묶어 두는 까닭은

나 같이 마른 고기도

살아갈 날이 있다는 뜻이다

瓦(Roofing tile) #57_2022

반(半)

삶의 반은 추억이고

그 나머지 반은 꿈이다

그 반의 반은 먼산이고

빈집이다

내가 그곳으로 갈 때

그는 나를 차버린다

최재목+원춘호

시로 읽는 기와의 내면 풍경

검은 꽃, 시詩로 피우다

검은 꽃, 시詩로 피우다

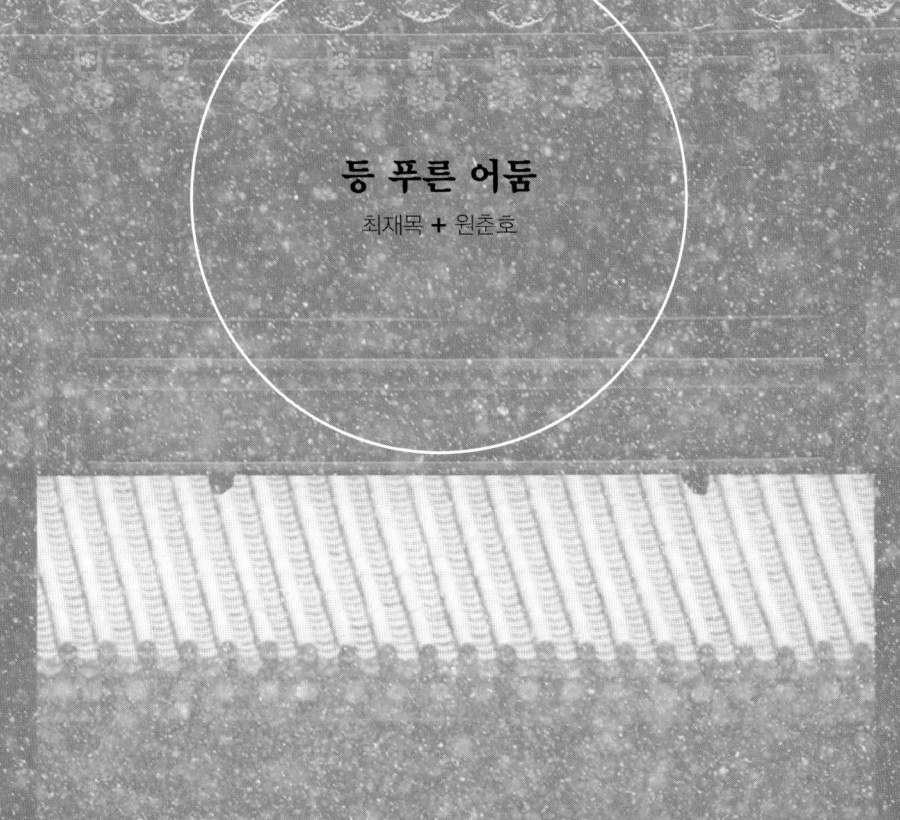

등 푸른 어둠

최재목 + 원춘호

탄원

후미진 길, 낡은 문 앞으로 꽃은 떨어진다

영광도 번뇌도 뉘우침도 없이

꽃은 오직 순간에만 매달렸다 진다

원인도 결과도 없이, 한꺼번에

지옥의 뜨락에도

천당의 하수구에도 우수수 떨어진다

무연고의 바람이

예수의 가슴으로도 부처의 어깨로도

꽃잎을 몰아갈 때

아, 긁어서 부스름 내듯

나는 너의 꽃이고 너는 나의 꽃이 아닐 거면

이날 이때까지 왜

이렇게 긴긴 탄원처럼 꽃은 피고 졌을까요

하필 내 생애 동안 나를

만나고자 했을까요

최재목+원준호

달

가만히 들여다보면 나만한 달도 없습니다

어디론가 분별도 없이 비추다가 그만

잠들고 맙니다

세상이 한쪽으로 쏠려도

나락으로 떨어지더라도

곤히 잠이 듭니다

그래도, 달은

혼돈을 아랫목 삼아

저만치 가슴 높이에서 뜹니다

최재목+원춘호

瓦(Roofing tile) #79_2023

고백

아, 반쯤으로도

차마 더 바라볼 수 없을,

얼마나 더

붉어질 얼룩이냐

최재목+원춘호

瓦(Roofing tile) #67_2019

다시. 춘삼월

솟구치는 높이 없이

꽃은 쉬이 피지 않는다

어둑하게 기다려주는

그런 힘으로

세상은 다시 눈을 뜬다

瓦(Roofing tile) #18_2020

알고 보면

나는 저렇게 살아 있는 것이다

입 없고, 눈 없는 것으로

아무 매혹도 없이

알고 보면, 그런 혼돈 속에서

나는 늘 멋져버린 것이다

등

등을 보면 마음이 아프다

콧등도 그렇고 칼등도 그렇다

등에는 자신이 못보는 무언가가 있다

다들 그렇게 등지고 살아간다

최재목+원춘호

표지석

가슴엔 다들 손가락 하나씩 묻고 산다

무언가를 가리키는 그쪽으로

아침 저녁 줄지어 가고 있다

눈에는 표지석을 담고

앉을 자리 누울 자리 정해 두고

별볼일 없이

거기서 태어나 거기서 죽어간다

거기가 거기다

길

떠나기 위해서가 아니라

되돌아오기 위해 걷는다

가도가도 머물러 있을 그 자리로

날마다 등짐을 지고

떠나고 있다

최재목+원춘호

부득이

내 곁에 있어준다면

당신이 열고 싶은 창문 아래

삼월, 사월 다가도록

부득이 있어준다면

느닷없이 휘날리는 긴긴 기다림이 되어

최재목+원춘호

버릇

어머니 저 밥 안 먹을래요

왜?

버릇되겠어요

그래, 그 버릇 남주겠나

그냥 그릇째로 다 먹거라

최재목+원춘호

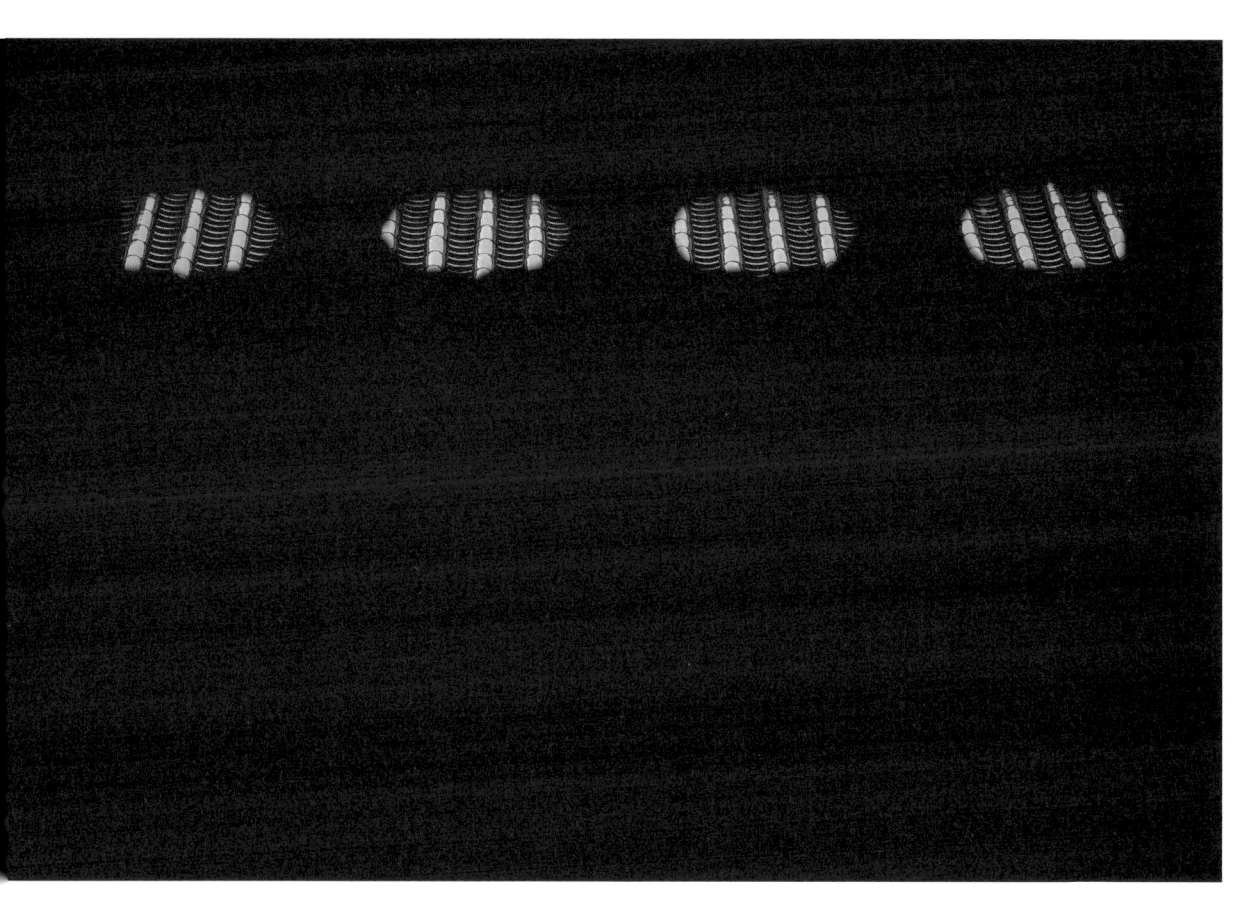

너는 누구냐

설상가상이 더 따스했네

추운 것들끼리 서로 안아 주고 덮어 주며

두발 달린 짐승, 네발 달린 짐승

모두 눈에 묻혀 거룩했네

목탁 소리 새어 나오는 마음 배시시 열려,

두 손 머리에 대고 엎드리네

아, 이 세상의

가장 낮고 고요한 불빛 아래

천상천하유아독존

청솔가지 흔드는 너는 누구냐?

얼마나 더

저렇게 허물어진들 어느 한구석이 얼마나 더 줄어들까

주룩주룩 쏟아져도

이쪽이 저쪽을 넘지 못하고

저쪽이 이쪽을 훔쳐갈 수 없다

어리석어야 얻는다

몰라야 안다

최재목+원준호

瓦(Roofing tile) #70_2022

아들아, 내 아들아

꽃은 피누나

저 자리 저토록,

처연히 지키는구나

나는 가리라 그 윗목의 꽃 송이로

뚜벅뚜벅 천년을 걸어올라

달 속에서 소슬히 노을처럼 피고 지리라

탐욕의 꽃잎 먼저 피는

그리움이여, 담장이여

이 언덕을 넘는 아들아,

내 아들아

애비는 저곳으로 떠나가는데

언약 없는 이 감옥에 남아, 너는

꽃으로

다시 피고 있구나

최재목+원춘호

우연

눈이 내리네 꽃망울 위로

저곳에서 이곳으로

한없이 몰려드는 회한도

걷잡을 수 없이

가로지르네

모두 우연이라

내 젖은 얼굴도

꽃잎을 말려 태우던 긴 겨울날의,

어쩔 수 없는 순간이

난로 앞에 쪼그리고 앉네

최재목＋원춘호

瓦(Roofing tile) #49_2021

빗방울

뜬금없이

중세 시대의 하늘 위로

부서지던

고독을 본다

아래로 자꾸 허물어져 내리는

육신,

그 오랜 관습에 박자 맞춰

꾸벅대는 졸음을 본다

최재목+원춘호

瓦(Roofing tile) #48_2020

계시다

그렇게 누군가, 계신다
안 계시지만, 늘 거기
계신다
계시지만, 안 계시는
이 말 못할 속마음을
다 알고 계신다

최재목+원춘호

이런

하나를 알면 둘을 까먹는다

둘을 알면 셋을,

그러다 더 이상 없을 땐

허공에 매달린다

어이쿠, 먹을 게 없어

해도 달도

나마저도 까먹고 있다

瓦(Roofing tile) #90_2024

한 생각 · 2

이와 같이, 나는 울었다

한 생각 저물면, 또
한 생각 자라나
드문드문 버드나무처럼 푸르고, 꽃처럼 붉더라도
네가 편히 누울 곳 아니다
그곳은 짓물러
아물지 않는 곳

최재목+원춘호

瓦(Roofing tile) #94_2024

때로는

은하수마저도 초롱초롱

그물이 될 때가 있다

긴 담벼락을 따라

걸어도 걸어도,

드나들 문이 없을 때

꽃길도 거미줄일 때가 있다

우수수 낙엽이 가로막고

주룩주룩 장대비가 발 묶을 때

영겁에도

찰나에도 갇힌다

최재목+원춘호

인연

오늘 이대로, 내일도 푸르고

비 오고 바람 불며 홀로 교태로우니

가슴에 가만 손 얹고, 생각해 보라

그리운 일들 그토록

옷깃을 스치지 않았던가

마지막 한마디

눈썹달처럼 떠 있습니다

야속타 말 못할 높이에서

마지막 한마디를 생각노니,

차라리 가만 있는 게 낫겠지요

그게 내가 가진 전부입니다

마지막 한마디는

아무말 못하고, 그냥 떠 있는

허전한 높이입니다

최재목+원준호

상사화

네가 잠들면 내가 깨어난,

내가 떠나면 네가 찾아온,

그런 사이에서

우리 엄마 날 낳으셨다

겨드랑이

하세월 숨어 사는 것도 있다

숨어야만

살 수 있는 것이다

그 깊은 곳도

한 소식한다

풍경 소리 들린다

최재목+원춘호

瓦(Roofing tile) #95_2024

입술

그 틈에서

봄이 온다

그 틈에 아버지 계셨고

어머니 홀로 사셨다

최재목+원춘호

작은 것

작은 것이 아름다운 것은

꿈이 적기 때문이다

꿈이 없어,

아름다우면 큰일이라

작은 건, 그림자마저 비껴 있다

최재목+원춘호

瓦(Roofing tile) #35_2021

하늘의 신발

햇살이 일찍 일어나

신고 가면

날벌레 풀벌레도

신고 간다

다들 어디로 가나 했다

처마 끝,

갈 수 없는 나라로

어릴 적 나는 딱 한번 가본 적 있다

노을 지는 강 따라

세상의 모든 신발 가지런히 벗어둔

뜨락으로

최재목+원춘호

瓦(Roofing tile) #78_2023

기도

가랑잎도 나무막대기도

나를 가르칠 때가 있다

답답할 땐 지푸라기도

큰 스승이다

담벼락 위의 돌 하나 얹는 마음으로

두 손 모으며 살아야 한다

최재목+원춘호

瓦(Roofing tile) #31_2019

안 봐야, 보이는

그대 곡절 많은 일생은

어디쯤 가지를 뻗고 있는가

한 목숨 다 바쳐

살짝 맛이 간 달빛

무엇을 저리 비추고 있을까

안 봐야 더 잘 보이는 일생의

얼룩

느린 시간의

그림자를 끌고가는 달빛이여

瓦(Rooling tile) #132_2025

층계

현생은 글렀고
내생에는 갈까 했다

개구리 울음 납작 엎드린
둔덕을 딛고

여기는 어딘가
실오라기 하나 걸치지 않은
고요의 층계는
가파르다

열아홉 순정이 아니면
초승달 하나도 데리고 살 수 없을
그곳에다 누가
저런 집을 지었을까

최재목+원춘호

한 생각 · 3

아련한 깊이에서
한 생각도 키가 큰다
앉으면 별빛, 누우면 달빛
우두커니 서성이면 햇빛으로
나이가 든다

누구나 한번 쯤은 안개였다

어디서 왔다 어디로 가는지
묻고 싶던
한 생각이었다

최재목+원춘호

瓦(Roofing tile) #143_2025

외로움

외로움도 외로워

등이 굽었다

살아있는 것들의 뒷 모습에

손을 얹는다

뜬금없는 그림자처럼

떠도는 안개처럼

어렴풋한 한나절과 헤어진

서운한 언덕,

외로움도 외로워

산 자들의 얼룩에

얼굴을 파묻는다

등 푸른

흔들리는 것들의

밑둥, 저 끝없는 밑천을

거품 뿐인 세상의 맨 바닥을

보라,

등 푸른 어둠

곧게 앉아

발을 닦고, 마음챙김에 들어선

그런 한 때를

최재목+원춘호

瓦(Roofing tile) #1_201

원춘호의 사진은 바깥을 찍은 게 아니다.
자기 안쪽에 빛나는 마음의 맑은 어룽(얼룩)을
옮겨놓은 그리움이다.

— 최재목(시인, 철학자) —

시로 읽는 기와의 내면 풍경

검은 꽃, 시詩로 피우다
검은 꽃, 시詩로 피우다

초판 발행
2025년 8월 28일

저자
시 최재목, 사진 원춘호

발행처 Published by
하얀나무 White tree

디자인 / 제작
하얀나무 White tree

WHITE TREE
도서출판
하얀나무

전화 : 02 313-9539
팩스 : 02 313-5895
핸드폰 : 010-8926-9539
이메일 : 2013kipf@naver.com
홈페이지 : www.white-tree.kr

03810

9 791192 952352
ISBN 979-11-92952-35-2

판매가격 19,000원